Nicht nur Nostalgie

Не только ностальгия

Rogneda Sergeyeva

Nicht nur Nostalgie

Рогнеда Сергеева

Не только ностальгия

Mit Bildern von Anatoliy Rozhansky
Картины: Анатолий Рожанский

Rhein-Ruhr-Russland
Рейн-Рур-Россия

Essen
2021

Impressum

Herausgegeben vom Verein Rhein-Ruhr-Russland e.V.
mit freundlicher Unterstützung durch den Förderfonds Interkultur Ruhr

Ministerium für
Kultur und Wissenschaft
des Landes Nordrhein-Westfalen

REGIONALVERBAND RUHR

Interkultur Ruhr

Jahr: 2021

ISBN: 9789403623313

Herausgeberin: Ljubov Jakovleva
Lektorat: Martin Schneider
Korrektorin: Lydia Vett
Umschlagbilder: Anatoliy Rozhansky
„Symphonie der Farben“ (Diptychon)

Selfpublishing-Portal: Bookmundo
Gedruckt in Deutschland

Die Deutsche Nationalbibliothek verzeichnet diese Publikation in der Deutschen Nationalbibliografie.

Anatoliy Rozhansky: Kosmos als Gefühl – Космос как предчувствие (2021)

Vorwort

Rogneda und Anatoly, zwei Menschen mit unterschiedlichem Schicksal ...
Sie ist eine Pädagogin und Dichterin aus Kasachstan, er ein Maler aus Russland. Rogneda lebt alleine in Dortmund, Anatoly mit Familie in Essen. Die beiden sind sich vorher niemals begegnet.
Und trotzdem gibt es viel Verbindendes, in erster Linie die Möglichkeit, sich in der Emigration mittels der Kunst zu verwirklichen.
Rogneda Sergeyeva und **Anatoliy Rozhansky** sind Vertreter der russischsprachigen Diaspora, einer der größten Migrantengruppen in Deutschland.
Die Dichterin ist in Karaganda geboren und aufgewachsen, studierte dort Russistik. Nach ihrer Übersiedlung nach Deutschland begann sie sofort aktiv Deutsch zu lernen und ein zweites Studium zu absolvieren – diesmal an der Ruhruniversität Bochum.
Der Künstler aus Smolensk verbrachte den größten Teil seines Lebens in der Ukraine, studierte in Minsk und Lviv, lebte einige Jahre in Israel, bis er seine zweite Heimat in Essen fand.
In ihrem Schaffen verbinden beide Künstler Elemente der klassischen russischen Tradition mit der europäischen Postmoderne und finden dabei ihren unverwechselbaren eigenen Stil.
Rogneda Seergeyeva variiert die traditionellen Formen der russischen Lyrik, verzichtet teilweise auf den Endreim und vermittelt mit ihren Gedichten das Gefühl der Einsamkeit und des Schmerzes. Gleichzeitig sind ihre Texte voller Liebe, Hoffnung und Musik. In ihrem zweisprachigen „Musikalischen Zyklus", können wir auf Deutsch und Russisch viele Klänge und bekannte Melodien wiedererkennen. Die Musik spielt in Leben und Werk der Dichterin eine wichtige Rolle, obwohl Rogneda aufgrund einer Sehschwäche ohne Noten komponiert und interpretiert.
Anatoly Rozhansky bezeichnet seine Art zu malen selbst als Polystilistik. In seinen Bildern sieht man den Einfluss der russischen Malerei zu Anfang des 20. Jahrhunderts: Malewitsch, Kandinsky, Chagall. Rozhansky verwendet reine Farben, eine Kombination von Blau, Rot und Gelb, wodurch seine Gemälde ihren individuellen Stil bekommen. Abstrakte und realistische Elemente sind in seinen Bildern verbunden durch die Themen Liebe, Einsamkeit, philosophische Suche und ... Musik. In seinen romantischen Frauenbildnissen zeigt er Vertreterinnen verschiedener Kulturen und Völker. Sie sind wunderbar dynamisch und musikalisch, in ihnen hört man gleichsam die klassische russische Musik, die Melodien der jüdischen Quartale, die strengen Choräle Bachs, die modernen Rhythmen der europäischen Großstädte.
„Nicht nur Nostalgie" – das kann man verstehen als einfache Aussage, doch es kann auch ein Lebensmotto sein. So wollen die Autoren dieses Buches den Titel auch verstehen.

Martin Schneider

Предисловие

Рогнеда и Анатолий, два человека с разной судьбой... Она - педагог и поэтесса из Казахстана, он - художник из России. Рогнеда живёт одна в Дортмунде, Анатолий с семьёй в Эссене. Они никогда не встречались раньше... И все же их многое объединяет - в первую очередь, возможность реализовать себя в эмиграции через своё искусство. Рогнеда Сергеева и Анатолий Рожанский, представители русскоязычной диаспоры, самой многочисленной группы мигрантов в Германии.

Поэтесса родилась и выросла в Караганде, изучала там русистику, а после переезда в Германию, сразу начала активно учить немецкий язык и получила второе высшее образование. На сей раз в университете г. Бохума.

Художник из Смоленска большую часть жизни прожил на Украине, учился в Минске и во Львове, несколько лет провёл в Израиле, пока не обрёл вторую Родину в Эссене.

В своём творчестве оба применяют элементы классического русского искусства, европейского постмодернизма и обладают узнаваемым индивидуальным стилем.

Рогнеда варьирует традиционные формы русской лирики, порой отказываясь от рифмы, передаёт в стихах чувство одиночества и боли, так свойственные русской поэзии. Вместе с тем, её произведения полны любви, надежды и музыки. В "Музыкальном цикле", читатель узнает много знакомых звуков и мелодий. Музыка играет огромную роль в жизни и творчестве Сергеевой, хотя из-за проблем со зрением, Рогнеда пишет и исполняет музыкальные произведения только на слух.

Анатолий Рожанский сам определяет своё творческое направление как полистилизм. В его картинах угадывается влияние русской живописной школы начала 20-го века: Малевича, Кандинского, Шагала. Он использует чистые краски, комбинацию синего, красного и желтого, за счёт чего, его картины приобретают выраженную индивидуальность. Абстрактные и реалистичные элементы его живописи тоже объединены темой любви, одиночества, философского поиска и ... музыки. Романтичные ускользающие женские образы Анатолия отражают представительниц разных культур и народов. Они удивительно динамичны и музыкальны, в них будто слышна классическая русская музыка, мелодии еврейских кварталов, строгие хоралы Баха, современные ритмы городских европейских улиц.

"Не только ностальгия" - может быть просто констатацией факта, но может быть девизом и сутью жизни. Именно так трактуют название авторы этого издания.

Мартин Шнайдер

Anatoliy Rozhansky / Анатолий Рожанский:

Frau in Blau

Женщина в голубом

(2001)

Мечты

Мечтаю о том, что мне мир принесёт,
Хочу быть счастливой, идти лишь вперёд.
И книги читаю, чтоб мудрою стать,
А время нельзя, увы, удержать.

Люблю я особенный бархатный взгляд,
И дни без забот, где лишь чувства царят,
Улыбку души и надежду в глазах.
И грёзы, воскресшие на небесах.

Träume

Ich träume von etwas, was Frieden mir bringt.
Ich will doch nur glücklicher sein, als ich bin.
Ich lese die Bücher, um weiser zu sein,
Die Zeiten vergehen, tagaus und tagein.

Ich lieb‘ den besonderen schwindenden Blick,
Den Tag ohne Sorgen, und Welt ohne Krieg,
Das Lächeln der Augen voll Hoffnung und Glut,
Und Zeichen der Liebe, und Freude im Blut.

Ностальгия

Ностальгия - это сила,
Что толкает на любовь,
Это отраженье мира
И, подчас, нехватка слов.

Это слезы от смущенья
За несбывшуюся жизнь,
Это чувство всепрощенья
И удар судьбы. - Держись!

Это право на молчанье
В бескорыстной правоте,
С идеалами прощанье
В бесконечной пустоте.

И невидимая пристань,
Куда дух причалить рад.
Постиженье неких истин,
Но вслепую, наугад.

Это странность поведенья
Среди тысячной толпы,
И внезапность откровенья
В пониманьи красоты.

Это множество терзаний
И надежд святых провал,
И ненужный отзвук знаний.
… Разочарованья бал…

Nostalgie

Die Kraft der Nostalgie
Ist Liebe,
Und Widerspiegelung der Welt,
Wo Liebe manchmal wortlos fehlt.

Tränen der Verlegenheit
Für verpfuschtes Leben,
Kälte der Gleichgültigkeit,
Harter Blick daneben.

Nostalgie - ein Schweigerecht,
Verrat der Ideale,
Das ist alles doch nicht echt,
Die Leere - allemale.

Der unsichtbare Seelenhafen,
Wo jeder landet blind,
Wo alle Träume schlafen,
Wo jeder ist ein Kind.

Ein seltsames Benehmen
Unter Tausend Leut',
Die Freiheit anzunehmen
Und die Schönheit – heut'.

Das ist unbrauchbares Wissen,
Und statt Hoffnung nur noch Qual,
Das ist ständiges Vermissen.
... Und der Enttäuschung Ball…

Городская элегия

Притворяюсь равнодушной,
Когда хочется рыдать.
Заниматься чем-то скучным -
Все равно, что потерять.

А душа? Ей лишь в полёте
И спокойно, и светло.
Ведь , когда она на взлёте,
Станет вдруг бессильным зло.

Großstadtelegie

Ich stelle mich gleichgültig

Und heule dann allein.

Das Leben in der Großstadt-

Verloren und gemein.

Und die Seele? Nur beim Fliegen

Findet sie nun ihre Ruh,

Und beim Flug, da kann sie siegen -

Übers Böse immerzu.

Настроение очень хрупко

Настроенье очень хрупко,
Грусть опасна для него,
Но на свете все непрочно,
Как хрусталь или стекло.

Я слезинкой прозрачной
Упорхну из глаз твоих,
И свидание назначу
В сада уголках глухих,

Чтобы нам не помешали
Ни чужие голоса,
И ни гомон птиц из стаи,
Ни случайная гроза.

И мы встретимся однажды
В звёздной выси, среди грёз .
Ведь достоин счастья каждый,
Шелестит среди берёз.

Meine Laune ist zerbrechlich

Meine Laune ist zerbrechlich
Und die Trauer bricht sie leicht.
Wie das Glas bin ich verletzlich,
Wie die ganze Welt, vielleicht.

Ich verschwinde, wie die Träne,
Aus den Augen dann von dir.
Doch im alten Garten leise
Kriegst ein Andenken von mir.

Da kann uns so gar nichts stören -
Weder Donner, noch ein Blitz,
Wenn wir auf einander hören,
Ist es mehr als nur ein Witz.

In der Höhe bei den Sternen
Sind die Träume wie ein Schmuck,
Jeder Mensch erhofft sich sicher
Auch ein ganz klein bisschen Glück.

Anatoliy Rozhansky / Анатолий Рожанский:

Gleichgültigkeit

Равнодушие

(2005)

A.Rozhansky

Скрипка

Звучала скрипка под окном,
Вивальди вспоминая.
Грустила, может быть, о том,
Чего уж нет. Кто знает?

Пассажи, трели и мечты
Гармонию искали,
И звуки дивной красоты
На струнах трепетали.

И вдохновеньем был объят
Сей мир несовершенный,
Стал мягче чей-то гордый взгляд
В то самое мгновенье.

Так значит, вечно будет жить
Любовное волненье,
Коль душу можно пробудить
Смычка прикосновеньем.

Die Geige

Die Geige klang so stimmungsvoll
Wie bei Vivaldi sonst nur,
Worüber spielte sie so toll,
War's die Geschichte pur?

Sie suchte nun nach Harmonie,
Erklangen leise Töne,
Die Saiten klangen, wie noch nie,
Gefühlvolle und schöne.

Die Welt, die unvollkommen ist,
Durch Klänge inspiriert,
Verändert sich in dem Moment
Zum Guten motiviert.

Solange der Bogen die Geige spürt,
Wird auch die Liebe dauern,
Und ewig wird das Herz berührt,
Unendliches Vertrauen.

Anatoliy Rozhansky / Анатолий Рожанский:

Stillleben mit Geige

Натюрморт со скрипкой

(2019)

Rozhansky

«Ода к радости», Бетховену

Мне музыкальность фраз понятней
Порой, чем многие слова.
Они, пожалуй, и занятней,
И чувств в них искренность слышна.

Они не связаны с диктатом,
В них проявленье красоты.
Так и в Симфонии девятой
Вдруг Радость возродит мечты.

„Ode an die Freude“, Beethoven

Musikalische Passagen
Sind mir klarer als die Worte.
Aufrichtigkeit ist Gage
Und verschlüsselt jede Note.

Sie verbinden sich mit Freiheit,
Offenbaren Schönheitsklänge.
So Beethovens Freude, Weisheit
Überwältigen die Menge.

Посвящение Баху

Загремел в старинном храме
Пробудившийся орган.
В его звуках страсть и пламя –
Автор истину искал.

А нашёл благословенье,
Жизнь в веках, тернистый путь,
И потомков восхищенье,
И божественную суть.

J. S. Bach - Widmung

Die aufgeweckte Orgel
Der majestätischen Kirche
Ertönte mit Leidenschaft,
Die Suche nach Wahrheit schafft.

Gefunden hat er Gottes Segen,
Jahrhundertelanges Leben,
Der Nachkommen begeisterten Dank
- der Komponist Johann Bach.

Штраусу

В голове полнейший хаос.
Думаю, что виноват
В этом композитор Штраус!

Романтизма аромат
Сердце искушает вновь.
Музыка – моё спасенье.

В ней найду я и любовь,
И счастливые мгновенья.

Für Johann Strauss

Meinen Kopf beherrscht das Chaos
Aber schuld ist, denke ich,
Mein geliebter Johann Strauss!

Er verführt schon lange mich,
Denn Musik ist Reich der Liebe,
Wo Romantikhauch steckt.

Glückliche Momente wieder,
Finde ich
Und mein Herz schwebt...

Амадей

Нет объясненья, почему
Прожил так мало лет
Великий Моцарт. Лишь ему
Принадлежит ответ.

Ужель не мил ему был свет,
Иль он устал писать?
Пришёл ли чёрный человек,
Чтоб жизнь его забрать?

Или Сальери виноват,
Что дал ему вино,
В котором растворил он яд,
Готовый уж давно?

Мы не узнаем ничего.
Догадок полон мир…
А нам ведь важно лишь одно,
Чтоб Вольферль в душах жил.

В прозреньи – искра правоты
И гениальный всплеск,
И воплощенье красоты –
И Амадей воскрес.

Amadeus

Erklären kann doch keiner,
Warum so jung er ging.
Er war der Größten einer,
Im Tod ist sein Beginn.

War er vielleicht benommen
Vom langen Komponieren?
Hat`s Leben ihm genommen
Der schwarze Geist? Oh, irre!

Oder war Salieri schuld,
Der ihm den Wein gegeben,
Vergiftete einmal im Schwung?
Und Mozart musste sterben.

Wir können nichts dagegen machen.
Geheimnisse beherrschen Welt.
Wir wissen nichts. Und Sinn der Sache,
Dass Wolferl weiterlebt.

In der Erleuchtung liegen Wahrheitsfunken
Und das Genie erwacht vor unsren Augen.
So wie die Schönheit ist noch nie versunken,
Ist Amadeus auch so auferstanden.

Anatoliy Rozhansky / Анатолий Рожанский:

Trio

Трио

(2017)

Рояль и пианист

Рояль величественно строг,
Ему причины нет смеяться.
Он инструментов царь и бог,
Но шутки ради улыбаться
Его заставит пианист,
Когда вдруг багатель сыграет.
И в этом истинный артист:
Он чувствами повелевает.

Der Flügel und der Pianist

Der Flügel, einzigartig streng,
Er kennt gar keinen Grund zum Lachen,
Die Krone ist ihm nicht zu eng.
Der Pianist - kann alles machen,
Und wird das Instrument zum Ziel
Des Spaßes und der Emotionen,
Ein Künstler, der so spielen will,
Erweckt die Herzen von Millionen.

Суфлёр

Суфлёра жизнь проходит в будке,
Его не видим мы лица.
Судьбы жестокой это шутка –
Начало творчества конца.

Рождён он, чтобы быть актёром.
Театр - дом его родной.
Но проиграл он в главном споре -
С искусством и с самим собой.

Der Souffleur

Unsichtbar auf der Bühne hockt
Im Kasten der Souffleur.
Sein schweres Schicksal hat gelockt
Ihn einstmals doch hierher.

Geboren für‘s Theater war er,
Hier strebte immer er hinauf,
Jedoch im wichtigsten der Spiele
Gab er die Kunst und selbst sich auf.

После фильма " Солнечный удар"

Никите Михалкову

Лето. Солнце. Пароход.

Скоро в вечность он уйдёт,

Цвета радуги, мечты,

Это просто я и ты.

Недосказанность. Закат.

Чувств забытых водопад.

Миг блаженства. Божий дар.

Это - солнечный удар.

Nach dem Film " Der Sonnenstich"

Für Nikita Michalkow

Ein Schiff im Sommer. Sonne.
Die Ewigkeit des Seins.
Die Regenbogenträume -
Das ist ja gar nicht meins.

Sonnenuntergang im Licht.
Der Gefühle Wasserfall.
Es ist nur der Sonnenstich
Plötzlich Stille - auf einmal.

Anatoliy Rozhansky / Анатолий Рожанский:

Sonnenstich

Солнечный удар

(2019)

Сонет былых времён

В стародавнем чемодане
Ворох из воспоминаний:
Письма, ленточки, мечты
И увядшие цветы,

И флакончики с духами,
Что свой запах потеряли,
И журнал старинный мод –
Элегантности оплот,

Баночки с засохшим кремом,
Кольца, серьги, диадема,
Кем-то брошенный брегет
И… забытый пистолет…

Время повернулось вспять,
Чтобы грёзы воскрешать.

Sonett von vergangenen Zeiten

In meinem Koffer aus vergang‘nen Zeiten,
der voll ist mit Erinnerung,
sind Briefe, Träume, die mich lang begleiten,
verwelkte Blumen zur Bestätigung,

dass nicht nur Düfte lassen ihre Frische
aus dem Flakon, der sie doch schützt,
nein auch die Mode wie in einer Nische
wirkt seltsam fade und auch abgenützt.

Kosmetikfläschchen, Döschen, Spiegel,
ein Diadem und auch ein Siegel,
als Sammlung typischer Symbole
und… die vergessene Pistole…

Die Zeit steht still und läuft zurück,
Und mit ihr auch der Traum vom Glück.

Anatoliy Rozhansky / Анатолий Рожанский:

Papierengel

Бумажный ангел

(2020)

Декабрь

Заиндевели окна дома,
Ледовый плен сковал мосты,
Дороги, улицы. И снова
Земля в объятьях красоты.

Тропинки снежною мечтою
Украшены в который раз.
По ним пройду я и открою
Мир сказки в тот волшебный час.

Dezember

Die eingeschneiten Fenster,
Die Brücken kalt und starr,
Die Straßen, wie Gespenster,
Die Erde von Schönheit umarmt.

Der Schneetraum leuchtet klar
Und schmückt nun alle Wege.
Ich laufe über Stege -
Die Märchen werden wahr.

Март

Весна как будто смущена,
Такой влюблённый взгляд.
Она на редкость хороша,
Хоть прост её наряд.

И держит девственный букет
Подснежников в руках,
А их рождения секрет
Вдруг расцветёт в стихах.

März

Der Frühling ist leicht irritiert,
Und irgendwie verliebt.
Er ist so frisch und ungeniert,
Und kaum gekleidet hier.

Schneeglöckchen hält er
In der Hand verträumt.
Woher die kommen,
Weiß nur er… Geheimnisvoll.

Сентябрьский джаз

Дождь синкопами стучит,
Мне о джазе говорит.
Ну, а я - дождю в ответ-
Вдруг сыграю менуэт.

И таким вот мы дуэтом
Зазвучим над всей планетой,
В классику вплетая блюз -
Это вдохновенье муз.

September-Jazz

Der Regen klopft, Synkopen springen
Und das erinnert mich an Jazz,
Wobei ich Menuett vorsinge.
Und Leben ist jetzt ohne Stress.

Und plötzlich wird unser Duett
Die ganze Welt beglücken.
Von Klassik bis Modernität
Entstehen Hoffnungsbrücken.

Октябрь

На улице опять дожди.
Расплакалась природа.
О, человек! Ты не тужи -
Ей было так угодно.

Она же женщина, заметь,
И в настроеньи дело.
То может радостно запеть,
А то грустить не в меру.

Но всё зависит от неё –
Рыдать ей иль смеяться,
Ведь королеве не дано
Кому-то подчиняться.

Oktober

Es regnet wieder draußen,
So bitter weint Natur.
Oh, Mensch! Sei doch nicht traurig.
Das will sie einfach nur.

Sie ist die Frau, merk es dir.
Die Laune ist ihr wichtig.
Sie kann mal freudevoll was singen
Oder sich grämen richtig.

Aber das Ganze hängt von ihr
Und nicht von dir ab.
Die Königin wird nie verlieren.
Und wieder kommt ein Tag.

Anatoliy Rozhansky / Анатолий Рожанский:

Regen über der Welt

Дождь над миром

(2017)

Сказка о рыбаке и рыбке

«Мне отвлечься бы от быта,
Стать дворянкой столбовой,
Не сидеть бы у корыта,
Не качать бы головой
И не думать, как обидно,
Коли дед придёт домой
И наловит мало рыбы, -
Значит, будет день плохой!»
Но исполнила вдруг рыбка
Все желания твои ...
Счастья ж нет, и нет улыбки
У старухи без любви.
Если молодость исчезла,
То купить её - никак!
Пилит вновь жена в отместку
Бедолагу старика.
И тогда царица моря
Всё вернула на места.
Баба снова недовольна.
Выражение лица
Злое.
Взгляд скользит невольно
По корыту у крыльца...

Das Märchen von dem Fischer un syner Fru

"Ach, der Alltag macht mich müde,
Wäre ich doch gar nicht ich...
Will nicht bleiben in der Hütte
Und mein Alter hilft mir nicht.
Wenig Fische bringt er wieder,
Also wieder - schlechter Tag!
Goldner Fisch - das ist die Lösung,
Die ich ja so gerne mag.“
Träume gehen in Erfüllung,
Aber Freude bringt es kaum.
Ohne Liebe gibt's kein Lächeln
Bei der alten Fischerfrau.
Wenn die Jugend ist verblichen,
Nur der Reichtum –
das ist mau!
Nun schon wieder
unzufrieden
Ist dem Fischer syne Fru
Alles wird zurück gewandt,
Alte Hütte
auch dazu…

Anatoliy Rozhansky / Анатолий Рожанский:

Maskerade

Маскарад

(2017)

Сад воспоминаний

Заснежен сад воспоминаний,
Ведь столько дней прошло с тех пор.
Исчезли отголоски знаний,
Бестактность лет глядит в упор.

И чувств возвышенных бессилье
Вернёт кого-то вновь туда,
Где небо было ярко-синим,
Лучились радостью глаза,

Любовью сердце наполнялось
На фоне беззаботных дней,
Душа, как девушка, смеялась,
Звенел заливисто ручей,

И бесконечной жизнь казалась
И удивительно простой.
Воспоминанья лишь остались
И загрустивший сад пустой.

Im Garten der Erinnerung

Im Garten der Erinnerung verschneit
Liegt manches, was schon lang vergangen,
als Echo der Vergangenheit
die schamlos starrt und unbefangen.

Und das Gefühl erhab'ner Schwäche
Bringt uns zurück, was einmal war,
Wo Himmelsblau den Mensch anspreche,
Und freudig strahlt das Augenpaar.

Es füllte damals sich das Herz
In einer sorgenlosen Zeit
Mit Liebe, Lachen, ohne Schmerz
So klang der Bach, war ohne Leid.

Das Leben in Unendlichkeit
Schien hell zum Greifen nah.
Erinnerung in Ewigkeit
Im Garten wird sie wahr.

Загадка сердца

Из океана музыкальных фраз
Я выберу, пожалуй, грусть Шопена.
Из дорогих камней я предпочту алмаз,
А из имён – Мария Магдалена,

Из ощущений – счастья ожиданье,
А из загадок сердца, именно, любовь.
Из дел – во благо созиданье,
А из ошибок –
всё-таки… любовь!

Das Geheimnis des Herzen

Chopins Musik mit seiner Trauer
Zieh ich vor jedem lustigen Tanz,
Maria Magdalenas Name
Gleicht des Brillanten reinem Glanz.

Das Warten auf das Glück macht glücklich,
Die Liebe bleibt geheimnisvoll.
Und sei sie wieder nur ein Fehler,
Den mach ich gern –
… erwartungsvoll.

Anatoliy Rozhansky / Анатолий Рожанский:

Holländisches Stillleben

Голландский натюрморт

(2021)

Девушке на портрете Яна Вермеера ван Делфт

Смотрит девушка с портрета.
Взгляд её направлен вдаль,
Хоть и празднично одета,
Но в глазах её печаль.

Что случилось? Мы не знаем,
Почему она грустит.
Лишь художник понимает
Правду,
Но о ней молчит...

А жемчужная сережка -
Это памяти секрет.
Лунная ведёт дорожка,
К счастью, коего уж нет.

Das Mädchen mit dem Perlenohrring

Vom Porträt in weite Ferne
Schwebt des Mädchens Blick.
Traurig schauen Augensterne
Und das Kleid ist schick.

Und was ist der Grund der Trauer?
Weiß man sicher nicht.
Nur der Künstler kennt die Antwort,
Bringt ins Dunkel doch kein Licht.

Perlenohrring ist Geheimnis
Und ein Andenken zugleich.
Glück verschwindet, wie der Mondschein,
In dem alten Teich.

Не только ностальгия

Не только ностальгия, но
Всё то, что душу так волнует,
Сливается подчас в одно,
И это личность формирует.

Года в мгновенье упорхнут,
Но это сердце не остудит.
Оркестр чувств напомнит вдруг:
Жив человек, пока он любит.

Nicht nur Nostalgie

Nicht nur die Nostalgie ist Kraft,
Die aus uns dann den Menschen macht,
All die Gefühle und Begegnungen
Und all die seelischen Bewegungen.

Die Jahre gehen schnell vorbei,
Und was uns bleibt,
Das sind wir zwei.
Man lebt doch nur, solang' man liebt.

Рогнеда - Автобиография

Я родилась в Казахстане, окончила общеобразовательную и музыкальную школу. С тех пор музыка сопровождает меня по жизни, и в ней я черпаю вдохновение, так необходимое в поэтическом творчестве. После школы я поступила на филологический факультет Карагандинского государственного университета, который 5 лет спустя окончила с отличием по специальности «Преподаватель русского языка и литературы». Затем несколько лет работала в католической администрации, испытывая себя в различных областях филологического знания: издавала газету религиозного содержания, готовила материалы, брала интервью, писала произведения на религиозные сюжеты, обучала иностранных священников русскому языку.

В 1998 году я выехала в Германию на постоянное место жительства. Но чтобы найти себя, понадобилось много сил и энергии для реализации своего потенциала. Здесь я успешно окончила Бохумский университет, опять-таки в области филологии: русской, чешской, итальянской. В том же году начала преподавать немецкий язык на интеграционных курсах, чем занимаюсь и по сей день. В течение 10 лет преподавала также итальянский язык, но из-за проблем со зрением по этой специальности я больше не работаю.

Есть в моей жизни отдушина, которая держит меня на плаву и не даёт впасть в уныние из-за ежедневно ухудшающегося зрения, – это стихи, которые мне иногда посылает Господь. Поэзия вошла в мою жизнь с юности. Первые стихи публиковались ещё на родине в университетской газете. В Германии я приняла участие в международном литературном конкурсе «Лучшая книга года 2013», который состоялся в Берлине. За свою книгу «Impression» я получила диплом конкурса. В том же году вышла еще одна моя книга «Пейзаж на гобелене». Очень хочется, чтобы склонность моя не пропала даром, а произведения книги «Не только ностальгия», явившиеся результатом духовных размышлений и исканий, не остались неразделенными, как безответное чувство.

Потому предлагаю их Вашему вниманию.

Рогнеда Сергеева

Rogneda - Autobiographie

Ich bin geboren in Kasachstan, wo ich auch die allgemeinbildende und die Musikschule absolvierte. Seither begleitet mich die Musik durch mein Leben, aus ihr schöpfe ich die Inspiration, die so wichtig für eine Dichterin ist. Nach der Schule studierte ich an der Fakultät für Philologie der Universität Karaganda. Nach 5 Jahren schloss ich mein Studium als „Lehrerin für russische Sprache und Literatur“ mit Auszeichnung ab. Anschließend arbeitete ich einige Jahre in der Katholischen Administration, redigierte dort eine Zeitung, schrieb Beiträge und unterrichtete die Priester in der russischen Sprache. 1998 siedelte ich über in die Bundesrepublik. Mit viel Kraft und Energie fasste ich hier Fuß und nahm an der Ruhr-Universität Bochum ein Studium der Russistik, Bohemistik und Italianistik auf. Außerdem begann ich in Integrationskursen Deutsch zu unterrichten, was ich bis heute mache. Daneben unterrichtete ich 10 Jahre lang Italienisch, bis meine Sehbehinderung mich zwang, diese Tätigkeit aufzugeben.

Wenn es etwas gibt, was mir hilft trotz meiner schwindenden Sehkraft nicht aufzugeben, dann sind es die Gedichte, die mir manchmal Gott eingibt. Die Poesie begleitet mich seit der Jugend. Die ersten Gedichte veröffentlichte ich noch in der Heimat als Studentin. In Deutschland nahm ich dann am Wettbewerb „Das beste Buch 2013“ teil und gewann einen Preis für mein Buch „Impressionen“. Im selben Jahr erschien ein weiteres Buch „Landschaft auf dem Gobelin“. Ich wünsche mir sehr, dass im neuen Buch „Nicht nur Nostalgie“ meine Überlegungen und Ideen auch bei Leserinnen und Lesern Gehör finden.

Rogneda Sergeyeva

Анатолий - Автобиография

В моей семье художников не было, даже, в общем, особенно и искусством никто не интересовался. А я рисовать любил всегда, дома, в школе. Мой отец был механиком, и семья так и ездила вместе с ним, по Советскому Союзу - от Смоленска до Калининграда.

У города Калининграда непростая судьба, он много раз в своей истории менял, если так можно выразиться, свою государственную принадлежность. В Калининграде осталось очень много немецких построек, жилых домов, соборов, ландшафтные парки. И вот это сочетание, культурное влияние разных стран на архитектуру, на жизнь, на судьбу, ни с чем несравнимая атмосфера Калининграда - это тоже во многом формировало меня как художника.

После школы мой выбор для продолжения образования пал на Минск, столицу Белоруссии. Там я учился в Художественном училище. А уже высшее образование получал на Украине. Львов - совершенно особенный город. Там тоже во всем чувствуется взаимовлияние культур - немецкой, украинской, русской, венгерской... Высокие узкие улочки, большое количество архитектурных сооружений из прошлых веков, мосты, музеи, кафе, старый трамвай в центре города...

На Украине я прожил много лет, а с 2001 года живу в Германии.

В моем творчестве я стараюсь следовать традициям мастеров, во многом сформировавших мировую художественную культуру 20-21 веков. Мой творческий метод - это романтизм. В моих картинах я хочу уйти от «скучной обыденности». Мой романтизм вводит внутреннюю жизнь человека в гармонию с огромным миром. Я выбираю вечные темы - любовь, красота человека, природа, ностальгия. Наверное, поэтому, мои картины интересны зрителям из разных стран - России, Украины, Франции, Израиля, США. Мои работы были представлены и на многих выставках в Германии, в Рурском регионе - в Бохуме, Дортмунде, и конечно, в Эссене.

Все произведения, написанные в разное время, объединены одной идей, идей бережного романтического отношения к женщине.

Меняются модные тенденции в искусстве, но, как мне кажется, всегда будет прав русский писатель Ф.М. Достоевский - "Красота спасёт мир!"

Надеюсь, читателю и зрителю понравится наша книга! Желаю удачи!

Анатолий Рожанский

Anatoliy – Autobiographie

In meiner Familie interessierte sich niemand besonders für die Kunst. Aber ich habe immer gerne gemalt, zu Hause, in der Schule. Mein Vater war Mechaniker, und die Familie reiste mit ihm durch die Sowjetunion – von Smolensk bis Kaliningrad. Kaliningrad hatte eine wechselvolle Geschichte. Hier gibt es noch sehr viele deutsche Gebäude, Wohnhäuser, Kirchen, Parks. Und dieses Zusammenspiel verschiedener Kulturen schafft die unverwechselbare Atmosphäre Kaliningrads, die mich auch als Künstler geformt hat.

Nach der Schule studierte ich zunächst in Weißrussland an der Kunstfachschule Minsk. Meine Hochschulbildung schloss ich dann in der Ukraine ab. Lwow ist eine ganz besondere Stadt. Auch dort spürt man den Einfluss verschiedener Kulturen – der deutschen, ukrainischen, russischen, ungarischen... Die engen Gassen, die Vielzahl von Gebäuden aus vergangenen Jahrhunderten, die Brücken, Museen, Cafés, die alte Straßenbahn im Stadtzentrum...

In der Ukraine verbrachte ich viele Jahre, aber seit 2001 lebe ich in Deutschland.

In meinem Schaffen strebe ich danach, den alten Meistern zu folgen. Meine kreative Methode ist eine romantische. In meinen Bildern will ich weg von der „langweiligen Gewöhnlichkeit". Meine Romantik stellt die innere Welt des Menschen in die Harmonie mit der großen Welt. Ich wähle die ewigen Themen, Liebe, Schönheit, Natur, Nostalgie. Wahrscheinlich sind meine Bilder deshalb verständlich den Menschen in verschiedenen Ländern, in Russland, der Ukraine, Frankreich, Israel, den USA. Meine Arbeiten wurden auf vielen Ausstellungen gezeigt, auch in Bochum, Dortmund und natürlich in Essen.

Alle meine Werke, auch wenn sie zu verschiedenen Zeiten entstanden, verbindet eine Idee - die romantische Einstellung zur Frau. Denn wenn in der Kunst die Moden wechseln, so bleibt F. Dostojewskis Aussage gültig: „Die Schönheit rettet die Welt!"

Ich hoffe, der Leserschaft gefällt unser Buch!

Anatoliy Rozhansky

Inhalt / Оглавление

Frau in Blau / Женщина в голубом 9
Träume / Мечты 10
Nostalgie / Ностальгия 12
Großstadtelegie / Городская элегия 14
Meine Laune ist zerbrechlich / Настроение очень хрупко 16
Gleichgültigkeit / Равнодушие 19
Die Geige / Скрипка 20
Stillleben mit Geige / Натюрморт со скрипкой 23
„Ode an die Freude“, Beethoven / «Ода к радости», Бетховен 24
J. S. Bach – Widmung / Посвящение Баху 26
Für Johann Strauss / Штраусу 28
Amadeus / Амадей 30
Trio / Трио 33
Der Flügel und der Pianist / Рояль и пианист 34
Der Souffleur / Суфлёр 36
Nach dem Film „Der Sonnenstich“ / После фильма «Солнечный удар» 38
Sonnenstich / Солнечный удар 41
Sonett von vergangenen Zeiten / Сонет былых времён 42
Papierengel / Бумажный ангел 45
Dezember / Декабрь 46
März / Март 48
September-Jazz / Сентябрьский джаз 50
Oktober / Октябрь 52
Regen über der Welt /Дождь над миром 55
Das Märchen vom Fischer un syner Frau /Сказка о рыбаке и рыбке 56
Maskerade / Маскарад 59
Im Garten der Erinnerung / Сад воспоминаний 60
Das Geheimnis des Herzens / Загадка сердца 62
Holländisches Stillleben / Голландский натурморт 65
Das Mädchen mit dem Perlenohrring / Девушка на портрете Вермеера 66
Nicht nur Nostalgie / Не только ностальгия 68
Rogneda – Autobiographie / Рогнеда - Автобиография 70
Anatoliy – Autobiographie / Анатолий - Автобиография 72